Loula

la chienne perdue

L'auteur : Jenny Dale a grandi dans une ferme des Cornouailles (Angleterre), entourée d'une bande de chiens, petits et grands, gentils et coquins. Aujourd'hui, elle vit toujours à la campagne et consacre ses journées à l'écriture de romans pour les enfants.

L'illustrateur : Frank Rodgers

À Isabel, Peter et Jessie

Titre original : *Lily the Lost Puppy*
Puppy Tales est une marque de Working Partners Limited, utilisée sous licence.

Publié pour la première fois
par Macmillan Children's Books, Londres, 1999.

Conception et réalisation de la maquette : Isabelle Southgate

Loi n° 49 956 du 16 juillet 1949 sur les publications destinées à la jeunesse.
Dépôt légal : octobre 2003 – ISBN : 2 7470 0369 8
Imprimé en Allemagne
par Clausen & Bosse

Mes animaux préférés

Loula

la chienne perdue

Jenny Dale

Traduit et adapté de l'anglais par Anne Delcourt

BAYARD JEUNESSE

· 1 ·

Le grand remue-ménage

– Loula ! Pousse-toi !

Romain tire une valise vide à travers sa chambre, et il a besoin de passer juste là où Loula est en train de renifler une latte de parquet.

La moquette a été retirée hier, et la maison est pleine de nouvelles odeurs très intéressantes.

Loula avance sa petite truffe noire le long des planches. Elle a détecté une très légère odeur de souris. Et quelque chose d'autre – de vieilles miettes de biscuits, peut-être ?

– Loula ! Bouge de là ! insiste Romain.

Loula libère le passage avec un jappement indigné. Où qu'elle se trouve, elle semble toujours être au mauvais endroit au mauvais moment.

Ces derniers jours, on dirait que toute la famille Besson est devenue folle.

Il y a des cartons partout dans

la maison, et tout le monde est très occupé à les remplir.

Même Romain a un drôle de comportement – lui qui est censé être son meilleur ami, il ne joue presque plus avec elle !

Loula s'allonge et pose la tête entre ses pattes.

Pourquoi rangent-ils toutes leurs affaires ? Est-ce un nouveau jeu ? Non, sûrement pas, car hier, quand la petite chienne a voulu jouer avec le tas de journaux qui traînaient dans l'entrée, elle s'est fait gronder.

Romain fourre ses derniers vêtements dans la valise. Mais il

l'a tellement remplie qu'il doit sauter dessus pour la refermer. Il n'y arrive qu'au bout de plusieurs tentatives.

Loula s'assoit, penche la tête sur le côté et aboie pour qu'il s'occupe d'elle.

– D'accord, Loula, on joue dans une minute, répond Romain. Il me reste juste une chose à faire avant.

Loula repère le bout d'un lacet qui dépasse de la valise et va le renifler.

Elle reconnaîtrait ce lacet n'importe où ! C'est celui d'une des chaussures de sport que Romain met pour jouer au football.

Elle le saisit entre ses dents et se met à tirer.

– Hé, arrête, Loula ! s'écrie Romain.

Mais la petite chienne s'obstine. Elle tire et tire, et la valise s'ouvre d'un coup sec. Loula pousse un aboiement de joie.

Elle s'empare de la chaussure et la secoue joyeusement.

– Lâche ça tout de suite ! ordonne Romain d'un ton fâché.

Loula grogne et refuse d'obéir. Elle apprécie spécialement l'odeur de cette chaussure-là.

Romain s'élance pour la récupérer, mais Loula tient bon, et c'est elle qui gagne.

Elle sort en trombe de la chambre et dévale les escaliers, serrant

la chaussure entre ses dents.

Lancé à ses trousses, Romain traverse l'entrée en courant. Son père sort du salon.

– J'espère que tes affaires sont prêtes, Romain ! lui crie-t-il. Les déménageurs seront là d'une minute à l'autre.

Loula se précipite vers la porte du jardin, mais elle dérape sur le carrelage glissant de la cuisine et fait du sur-place. Romain en profite pour la rattraper.

– Ha, ha ! Je te tiens, Loula ! triomphe-t-il.

Il lui reprend la basket, et elle file dans le jardin, Romain toujours à sa poursuite.

Ils traversent la pelouse, puis tournent deux fois autour du bassin, une fois autour du peuplier ; puis ils reprennent le même circuit en sens inverse...

Soudain, Loula s'arrête net en entendant comme un grondement de tonnerre dans la rue.

– C'est le camion de déménagement ! s'exclame Romain. Allez, viens, Loula. On part habiter dans une autre maison. Tu verras, il y a un jardin immense là-bas ! On va bien s'amuser !

Loula jappe et regarde le petit garçon en penchant la tête. Elle a compris qu'il se passait quelque chose d'important, mais elle aimerait bien savoir quoi !

Elle suit Romain, qui a repris au pas de course le chemin de la maison.

Des hommes en blue jeans remontent l'allée du jardin et entrent dans la maison.

Ils se déplacent dans toutes les pièces en parlant très fort et commencent à emporter les meubles.

Isabelle, la mère de Romain, court dans tous les sens en leur demandant de faire attention à ne rien casser.

Prudemment, Loula se poste près du portail. Elle regarde les hommes charger les meubles dans un énorme camion, garé juste devant la maison.

Décidément, la petite chienne n'y comprend rien. Tout cela l'effraie, et elle se met à trembler de tout son corps.

Romain s'en aperçoit et lui tend les bras.

– Viens, Loula, l'appelle-t-il.

Aussitôt, elle bondit dans les

bras de son maître et se pelotonne contre sa poitrine.

– C'est génial de changer de maison, non ? dit Romain en ébouriffant le poil hirsute du cou de Loula.

Mais la jeune chienne ne se sent toujours pas rassurée !

· 2 ·

Loula est prisonnière !

Une fois les tapis et le mobilier entassés dans le camion, les hommes chargent les cartons.

Bruno Besson, le père de Romain, sort de la cuisine avec le panier de la chienne.

– J'emmène Loula, dit-il à sa femme. Il y a plus de place dans ma voiture que dans la tienne.

Mais Loula, qui n'est pas d'accord pour qu'on lui enlève son panier, pousse un aboiement de protestation.

– Ne t'inquiète pas, Loula, j'ai aussi emporté tous tes jouets ! dit M. Besson à la chienne avec un sourire. Allez, en voiture !

Romain repose la chienne par terre.

– Va avec papa, Loula, lui ordonne-t-il. Je vais voir ma chambre une dernière fois.

Loula hésite – elle préférerait tellement rester avec lui ! –, mais elle finit par suivre M. Besson en trottinant.

Le père de Romain cale le panier sur le siège arrière de sa grosse voiture, garée devant la petite voiture verte de sa femme. Puis il lui désigne la portière ouverte.

– Allez, monte, Loula.

Elle obéit à contrecœur, et M. Besson claque la portière.

Loula tourne dans son panier et arrange la couverture avec sa truffe pour s'installer confortablement.

À cet instant, un grand bruit retentit : c'est un déménageur qui vient de cogner un fauteuil contre la porte du camion.

– Hé ! Faites attention avec ça ! lui crie M. Besson.

Il s'éloigne pour vérifier si rien n'a été abîmé.

Loula gémit. Elle déteste rester seule, et tout est devenu soudain si inquiétant ! Elle n'a qu'une envie, rejoindre Romain.

Elle remarque alors que l'une des portières avant de la voiture n'est pas bien refermée. Elle saute sur le siège du passager, se glisse à l'extérieur et court à la maison.

Elle cherche Romain partout au rez-de-chaussée : aucune trace de son jeune maître ! Elle monte

les escaliers, ses griffes faisant « clic-clic » sur les marches en bois.

Mais il n'est pas là-haut non plus. Loula traîne dans la chambre, reniflant dans les coins, avant de continuer ses recherches.

C'est alors qu'il arrive une chose terrible : la porte de la chambre se referme. La voilà prisonnière !

Elle entend quelqu'un fermer les autres chambres, puis la porte d'entrée qui claque.

Le moteur du camion se met à rugir. Loula n'arrive pas à y croire. Ils ne vont quand même pas partir sans elle !

La chienne se précipite à la porte et gratte furieusement. Rien à faire, elle est enfermée pour de bon.

En sautant, elle réussit à toucher la poignée avec sa patte, sans parvenir à l'abaisser. Elle commence à aboyer comme une folle, mais, dehors, le camion fait tellement de bruit qu'elle n'a aucune chance de se faire entendre.

Et voilà que la voiture de M. Besson démarre !

Loula court à la fenêtre. Mais, même en se dressant sur ses pattes arrière, elle est trop petite pour atteindre l'appui de fenêtre.

– On se retrouve là-bas ! crie M. Besson à sa femme.

– D'accord !

Et la grosse voiture s'éloigne.

Presque noyée par le grondement du camion, lui parvient la voix de Romain :

– Tu es sûre que Loula est avec papa, hein ?

– Mais oui, je l'ai vue monter

dans la voiture, répond sa mère. Tu la retrouveras dans la nouvelle maison.

Loula a reconnu la voix de son maître. La peur fait battre son cœur comme un tambour, si fort qu'il lui fait mal. Elle aboie désespérément.

– Hé ! On dirait Loula ! dit Romain.

– Ce n'est pas possible, lui assure sa mère. Elle est partie avec papa. Je te le répète : je l'ai vue monter dans sa voiture.

Loula prend une grande inspiration et bondit aussi haut qu'elle peut au-dessus de l'appui de fenêtre, en se disant que Romain va peut-être la voir.

Mais le petit garçon ne regarde pas dans sa direction.

La petite chienne tend ses oreilles pointues en entendant claquer les portières de la voiture verte.

Le moteur se met à ronronner, et le véhicule démarre lentement. Les pneus crissent dans le virage. La voiture doit être en train de tourner dans l'avenue que Loula prend toujours avec Romain pour aller au parc.

Le bruit du moteur s'estompe peu à peu, puis s'évanouit.

Loula est toute seule.

La petite chienne reste quelque temps à l'affût près la fenêtre, espérant qu'on va revenir la chercher. Mais la rue demeure silencieuse.

Loula commence à trembler. Soudain, une petite étincelle de courage s'allume en elle. Elle se relève, s'ébroue et fait le tour de la chambre en essayant de trouver une solution.

Elle regarde la porte. Peut-être qu'en sautant plus haut elle réussirait à atteindre la poignée avec sa patte. Alors elle pourrait sortir de la maison, courir dans la rue et rattraper son maître !

Loula se poste devant la porte et se met à sauter. Au début, elle rate à chaque fois. Elle insiste, bondissant encore et encore sur ses petites pattes musclées.

Enfin, elle s'accroche à la poignée avec ses pattes avant. En retombant, elle entraîne la poignée qui s'abaisse, et la porte s'ouvre. Ça a marché !

Loula file au rez-de-chaussée, dérape sur le plancher de l'entrée, fonce vers la cuisine et... se cogne contre la porte fermée.

La poignée est bien plus haute que celle de la chambre de son maître ! Elle n'arrivera jamais à sauter assez haut pour l'attraper.

Tout est perdu ! Elle s'effondre contre la porte avec un hurlement de désespoir.

À ce moment-là, elle entend un moteur dehors. Des portières claquent. Des pas crissent sur le gravier de l'allée.

C'est sûrement Romain qui s'est aperçu de son absence, et qui revient la chercher !

Hourra !

Loula se précipite à la porte d'entrée, son petit bout de queue remuant à une vitesse folle. Elle entend le cliquetis des clés dans la serrure.

– Ouaf ! Ouaf ! aboie-t-elle joyeusement.

– Qu'est-ce que c'est que ce bruit ? demande une femme.

C'est curieux, Loula ne reconnaît pas la voix de la mère de Romain.

La porte d'entrée s'ouvre.

Mais les gens qui se tiennent sur le seuil ne sont pas ses maîtres...

·3·

À la recherche de Romain

– Mon Dieu ! s'écrie la femme, qui n'est pas Mme Besson. Qu'est-ce que tu fais là, toi ?

À la vue des inconnus, l'enthousiasme de la petite chienne fait place à la panique. Elle ne veut pas rester là ! Elle n'a plus qu'une chose à faire.

Elle se faufile entre les jambes

des étrangers, traverse le jardin à fond de train et franchit le portail.

Elle descend la rue en courant, dans la direction prise par la voiture de Mme Besson.

Cachou, le gros chien des voisins, aboie en la voyant passer. Mais elle poursuit son chemin.

Loula tourne à toute allure à l'angle de la rue et emprunte l'avenue bordée d'arbres, qu'elle connaît bien. L'avenue mène à une grande route bruyante que Loula traverse avec Romain quand ils vont se promener au parc.

La chienne court sans s'arrêter, sans même renifler les lampadaires. Le vent lui siffle dans les oreilles.

Au bout de la rue, Loula stoppe net. Comment savoir par où est partie la voiture ? Elle grogne de désespoir, regardant d'un côté et de l'autre.

Devant la boutique d'en face, elle repère Sultane, la chienne du boulanger. Elle est allongée sur le trottoir, la tête sur les pattes.

Ravie de voir arriver une compagne de jeu, Sultane se lève, la queue frétillante, et vient la renifler pour la saluer. Puis elle se met à bondir pour l'entraîner dans un jeu.

Mais Loula n'est pas d'humeur à s'amuser. Décidée à continuer ses recherches, elle quitte sa camarade et prend la direction du parc.

Loula trotte d'un pas vif vers la route principale. Une moto qui passe en pétaradant la fait sursauter.

Effrayée, elle s'immobilise sur le trottoir, et n'ose plus bouger. La circulation ne lui avait jamais paru aussi rapide et intense.

En fait, elle n'a jamais essayé de traverser toute seule. Si seulement elle était avec Romain, au bout de sa laisse !

Soudain, Loula remarque les bandes blanches peintes sur la route. Elle se rappelle que d'habitude, c'est là qu'elle traverse avec Romain. D'ailleurs, à cet endroit, les voitures s'arrêtent, et des gens sont en train de passer. Après une hésitation, Loula les suit, perdue dans une forêt de jambes.

Elle trouve sans difficulté le grand portail du parc. Elle y entre et se dirige instinctivement vers l'étang.

Romain y fait toujours une halte pour donner du pain aux canards, et la petite chienne en profite à chaque fois pour les terroriser.

Loula s'assoit sur le bord et baisse tristement la tête, ne sachant plus où aller.

Au même instant, Romain est affalé, en larmes, sur les marches de la nouvelle maison.

– J'étais sûr d'avoir entendu Loula aboyer dans l'ancienne maison ! gémit-il. Maintenant, elle s'est sauvée, et peut-être que je ne la reverrai plus jamais !

Ses épaules sont secouées par les sanglots.

Les Besson ont découvert l'absence de Loula en arrivant dans la nouvelle maison.

M. Besson ne s'est pas rendu compte que la petite chienne avait quitté la voiture lorsqu'il a démarré. Et quand Mme Besson a téléphoné aux nouveaux propriétaires de leur ancienne maison, ils lui ont annoncé que Loula s'était enfuie !

– Nous devons partir à sa recherche tout de suite ! s'écrie Romain.

– D'accord, dit Mme Besson. Allons-y. On va d'abord faire le tour de notre ancien quartier. Papa va rester ici pour commencer à déballer les affaires.

Dans le parc, Loula, assise près de l'étang, frissonne malgré le soleil.

Mais voilà Fripouille, le berger

écossais qui vit au bout de la rue. Il quitte sa maîtresse, plongée dans un livre sur un banc, et vient rejoindre Loula en remuant sa longue queue touffue.

Les deux chiens ont l'habitude de se retrouver au parc, où ils s'amusent à faire la course entre les arbres et à effrayer les canards.

Aujourd'hui, Fripouille se rend vite compte que Loula n'est pas d'humeur à jouer. La voyant sans son maître, il devine qu'elle est perdue, et tourne autour de son amie pour essayer de la consoler.

Mais il ne peut pas faire grand-chose pour l'aider.

Loula sait bien, elle aussi, qu'elle doit se débrouiller toute seule pour retrouver Romain. Elle reprend tristement sa route.

À force d'errer, la petite chienne se retrouve dans une partie du parc où elle n'est jamais venue.

Elle s'arrête et regarde autour d'elle. Ici, tout est différent. Les magasins qu'on voit de l'autre côté de la grille sont plus chic, les maisons et les jardins sont plus vastes.

Loula commence à avoir soif. Elle lape l'eau d'une flaque. Mais l'eau a un goût de terre, et Loula la recrache.

La petite chienne voit alors arriver deux grands lévriers, dont les longs poils soyeux, impeccablement brossés, retombent autour d'eux comme un rideau. Ils tirent de toute leur force sur leur laisse.

Ils s'approchent d'elle et commencent à la renifler d'une manière très désagréable.

Loula remarque qu'ils portent des colliers très élégants. Ils sont beaucoup plus grands qu'elle et la regardent de haut en la serrant de près. La petite chienne

sent la colère monter. Ses pattes se raidissent et ses poils blancs se hérissent.

Elle s'apprête à aboyer d'un ton hargneux pour faire reculer les deux grosses brutes quand un bruit familier la fait se retourner. C'est le moteur de la voiture de Mme Besson !

Son aboiement de colère se transforme en jappement de joie. Elle file entre les pattes des deux lévriers et se précipite vers la grille, juste à temps pour voir la voiture verte passer de l'autre côté.

Loula fonce vers le portail et se retrouve dans la rue. Elle court de toute la vitesse de ses petites pattes, zigzaguant entre les piétons.

Si elle se dépêche, elle arrivera à la rattraper !

Sans regarder, elle descend du trottoir, et, tout à coup, elle entend un bruit de tonnerre, de plus en plus fort, et de plus en plus proche. Elle relève la tête et découvre un énorme bus vert qui fonce droit sur elle !

· 4 ·

De nouveaux amis

Loula se recroqueville de terreur. Puis elle se rend compte que le bus a ralenti. Heureusement pour elle, il s'arrête pour laisser descendre des passagers.

La queue basse, la petite chienne remonte sur le trottoir et regarde le bus repartir lentement. Plus la moindre trace de la voiture verte.

Elle entend soudain un drôle de bruit de roulement : c'est son estomac qui proteste !

Elle n'avait pas réalisé qu'elle avait si faim !

Le cœur lourd, elle se remet à trotter au hasard sur le trottoir, en se laissant guider par les odeurs de nourriture.

Au même moment, deux rues plus loin, Romain et sa mère interrogent une dame.

Elle tient en laisse les deux chiens que Loula a rencontrés au parc.

– Auriez-vous vu un chiot

fox-terrier qui avait l'air perdu ? demande Romain.

La dame réfléchit, puis sourit :

– Mais oui ! Il y a dix minutes, dans le parc ! Polly et Pépita sont même allées le voir. Ensuite, il est sorti du parc en trombe !

– C'était sûrement Loula ! s'écrie Romain, tout excité.

– Savez-vous dans quelle direction elle est partie ? interroge sa mère.

Mais la dame secoue la tête. Les épaules de Romain s'affaissent.

– Elle a pu aller n'importe où ! dit-il d'un ton désespéré.

Sa mère remercie la dame et se

tourne vers lui pour le consoler :

– On va continuer à la chercher. Elle ne doit pas être bien loin !

Loula erre en quête de nourriture. Petit à petit, elle s'éloigne, et ne reconnaît plus du tout les rues. Elle passe devant une maison d'où provient une délicieuse odeur de cuisine, et s'arrête pour la humer.

Rarrrghhh ! Rarrrghhh !

Loula fait un grand bond en arrière en voyant deux grandes mâchoires surgir de nulle part : un énorme chien noir se dresse au-dessus d'elle en grondant d'un air menaçant.

Loula préfère ne pas insister. Elle repart en courant sans s'arrêter, jusqu'à une impasse bordée de poubelles et de grands sacs en plastique noir. Elle trouvera sûrement quelque chose à manger là-dedans !

Elle se met à fouiller dans les sacs avec sa truffe, mais ne trouve que de vieilles boîtes de conserve et des bouteilles vides.

Un grognement la fait se retourner. Deux bâtards au poil hirsute sont au bout de l'allée.

Ils ont bien l'air un peu sauvage, mais ils la regardent en remuant la queue d'un air amical. Prudemment, la petite chienne s'assoit et pousse des gémissements.

Les deux chiens, de toute évidence, ne lui veulent pas de mal. Ils viennent la renifler pour faire connaissance, et l'entraînent avec eux.

Loula suit ses deux nouveaux amis dans un dédale de petites rues, jusqu'à une cour pleine de poubelles. Il s'en dégage une agréable odeur de nourriture. Coup de chance, ce sont les poubelles d'un restaurant.

En un clin d'œil, les chiens en ont inspecté le contenu et ont déniché une quantité de restes appétissants. Il y a du steak, du poulet, et même des biscuits pour le dessert !

Une fois l'estomac plein, Loula se sent ragaillardie, et elle reprend courage.

À force de chercher, elle est sûre qu'elle finira bien par retrouver son maître. Elle est prête à parcourir toute la ville s'il le faut !

D'un jappement, elle dit au

revoir à ses compagnons et repart en trottinant.

Elle parvient en bordure de la ville, dans un quartier aux larges rues plantées d'arbres.

Les maisons et les jardins y sont plus grands que là où elle vivait avec Romain. Au loin s'étendent des champs et des bois.

Épuisée, elle s'assoit pour se reposer.

– Oh ! Regardez, un chiot ! Il a l'air perdu !

En levant la tête, Loula découvre une petite fille à peu près du même âge que Romain, qui se promène avec ses parents.

La fillette s'approche d'elle en tendant la main.

– Allez, viens, petit chien, dit-elle d'une voix câline.

D'abord, Loula hésite. Mais elle est trop fatiguée pour s'enfuir, et ces gens ont l'air très gentil. Ils lui rappellent la famille Besson.

Elle commence à remuer doucement la queue.

– Qu'est-ce qu'on va faire d'elle ? demande la mère de la fillette.

Elle prend la chienne dans ses bras et regarde son collier.

– Il n'y a ni adresse ni numéro de téléphone, dit-elle.

– On n'a qu'à la garder !

– Non, Jeanne, répond son père. Elle appartient sûrement à quelqu'un. On doit absolument l'emmener à la SPA. Ils s'occuperont d'elle jusqu'à ce que ses maîtres viennent la chercher.

C'est ainsi que Loula, après avoir été transportée jusqu'au garage d'une maison, se retrouve installée sur les genoux de Jeanne dans une grosse voiture jaune.

Pour la rassurer, la petite fille lui caresse doucement la tête et le dos. Loula, épuisée par toutes ces émotions, commence à s'assoupir. Elle lèche la main de la petite fille, puis s'enroule sur elle-même, se préparant à faire la sieste.

Soudain, alors que la voiture jaune s'apprête à sortir de l'allée du jardin, la petite chienne entend un bruit familier. C'est le ronronnement de la voiture de Mme Besson, qui tourne le

coin de la rue. En alerte, Loula s'assoit, complètement réveillée.

Elle saute des genoux de Jeanne et se dresse sur ses pattes pour

regarder par la fenêtre arrière.

C'est Romain et sa mère dans la voiture verte ! Le petit garçon a le visage ruisselant de larmes. La voiture entre dans l'allée du garage de la maison d'à côté !

Loula aboie de toutes ses forces, mais Romain ne peut pas l'entendre.

La voiture jaune prend de la vitesse, l'éloignant de plus en plus de son maître.

Loula gémit, puis se met à hurler à la mort.

– Tout va bien, petit chien, dit Jeanne en la caressant. Calme-toi. N'aie pas peur !

Loula lui répond par un jappement. Elle n'a pas peur ! Tout ce qu'elle veut, c'est retrouver Romain !

·5·

Les retrouvailles

À la SPA, les parents de Jeanne confient Loula à une dame en uniforme bleu, qui lui parle d'une voix douce.

Puis ils repartent en entraînant la fillette, qui la regarde avec des larmes dans les yeux.

Bientôt, Loula se retrouve dans une cage, au milieu d'une

grande salle pleine d'autres cages. Elle n'a jamais vu autant de chiens de sa vie.

Il y en a de toutes les tailles, formes et couleurs, qui aboient et gémissent sur tous les tons. À son arrivée, ils ont levé la tête pour l'observer avant de reprendre leur tapage.

La petite chienne tourne en rond deux ou trois fois sur sa couverture. Celle-ci a la même odeur que le produit avec lequel la mère de Romain nettoie la cuisine.

Enfin, Loula se couche. Elle a le cœur triste et lourd. Et si son maître ne venait pas la chercher ? Elle soupire et sombre dans un sommeil agité.

Elle est réveillée par des bruits de pas. Deux personnes passent devant sa cage, une jeune femme blonde aux cheveux courts et un monsieur à lunettes.

Elles s'arrêtent juste devant la cage voisine, occupée par un épagneul.

– Voici Charlie, dit la jeune femme blonde. Sa propriétaire est tombée malade et a dû partir à l'hôpital il y a trois mois. Elle n'est jamais rentrée chez elle.

C'est un chien en parfaite santé, très câlin et très intelligent. Puisque vous voulez un épagneul, il serait parfait pour vous.

Charlie, tout heureux qu'on s'intéresse à lui, s'est approché de la porte de la cage pour réclamer des caresses aux visiteurs.

Il remue la queue et tente de lécher la main de la jeune femme à travers le grillage.

– Quel âge a-t-il ? demande le monsieur.

– Deux ans.

– Il est trop vieux, répond le monsieur en secouant la tête. Mes enfants me réclament un chiot.

Il s'éloigne, suivi de la jeune femme. Charlie les regarde partir en aboyant et saute sur les parois de sa cage comme s'il voulait les suivre. Puis il se met à gémir tristement.

Loula s'approche de sa cage avec prudence. L'épagneul se tourne vers elle et s'approche lui aussi. Les deux chiens se flairent, et ne tardent pas à s'endormir l'un contre l'autre, chacun de leur côté du grillage.

Le lendemain matin, la petite chienne se réveille en sursaut en entendant son nom.

– La voilà ! C'est bien elle que vous cherchez ? Vous m'avez dit qu'elle s'appelait Loula, c'est ça ?

Elle cligne des yeux. Incroyable ! Là, devant sa cage, avec la dame en bleu, se tient Romain, accompagné de sa mère et de... Jeanne !

– Loula ! s'écrie Romain. C'est

moi ! Je suis venu te chercher !

Loula pousse un aboiement de joie et se lève en remuant la queue de toutes ses forces.

La jeune femme en bleu ouvre la cage.

Loula bondit dans les bras de Romain et lui lèche énergiquement le visage. Elle gigote tellement qu'il manque de la laisser tomber.

Romain rit et pleure en même temps. Mme Besson renifle en s'essuyant les yeux avec un mouchoir en papier.

– C'est incroyable, Loula ! dit Romain. Je ne sais pas comment tu as trouvé la rue de notre nouvelle maison, hier ! Quand nos voisins, Jeanne et ses parents, sont venus nous souhaiter la bienvenue, ils nous ont raconté qu'ils venaient d'emmener un chiot à la SPA. Et c'était toi !

Loula lèche joyeusement une oreille de Romain et pousse un aboiement sonore.

– Viens, Loula. On t'emmène dans notre nouvelle maison ! ajoute Romain en lui mettant sa laisse.

Tout à coup, Loula se souvient de Charlie. Elle tourne la tête par-dessus l'épaule de Romain et aboie pour lui dire au revoir.

Mais Charlie ne fait pas attention ; il est trop occupé à renifler Jeanne, qui lui parle à voix basse, accroupie devant sa cage.

Dans la nouvelle maison, Loula prend très vite ses petites habitudes. Romain adore sa nouvelle chambre, et Jeanne vient jouer avec lui dans le grand jardin. En fait, elle habite la maison d'à côté.

Quelques jours plus tard, alors que Loula est en train de faire la course dans le jardin, elle entend un aboiement dans le jardin de Jeanne. Et, plus étonnant encore, cet aboiement lui semble familier.

Elle se précipite vers un trou dans la haie pour essayer de regarder au travers. Sa petite truffe noire rencontre une autre truffe noire, qu'elle reconnaît immédiatement.

C'est Charlie ! Les deux chiens se lancent dans un concert d'aboiements.

À cet instant, Jeanne appelle son nouveau compagnon.

– Viens, Charlie, on va demander à maman si on peut aller jouer chez Romain, crie-t-elle.

Charlie s'éloigne à fond de train pour aller retrouver sa maîtresse, ses longues oreilles soyeuses flottant au vent.

Loula pousse un petit jappement de joie et part chercher Romain en trottinant. Elle bout d'impatience de jouer avec son ami.

Voilà justement Romain qui accourt à sa rencontre.

– J'ai une grande nouvelle pour toi, Loula ! Ma copine Jeanne a persuadé ses parents d'adopter Charlie !

Loula lui répond d'un jappement. Elle semble lui dire : « Si tu crois que je n'étais pas au courant ! Je sens qu'on ne va pas s'ennuyer dans cette nouvelle maison ! »

Fin

Découvre vite une autre aventure :
celle de Léa et Diablo,
son chaton !

Diablo saute des épaules de Mme Colin sur la palissade, puis dans l'herbe.

Léa et la voisine le regardent bondir comme un lièvre sur la pelouse.

– Le voilà parti, dit Mme Colin. C'est un vrai casse-cou !

Diablo fonce au bout du jardin et sans hésiter, escalade d'une traite le tronc du grand chêne qui occupe l'angle du jardin.

– Les chats adorent grimper aux arbres,

commente la voisine. Ça leur permet de se faire les griffes…

– Cet arbre est énorme, dit Léa en fronçant les sourcils. J'espère qu'il ne va pas rester bloqué là-haut.

Elles observent le chaton, qui a atteint le haut du tronc et entreprend d'avancer le long d'une grosse branche.

– Ne t'inquiète pas, la rassure la voisine. En général, quand ils montent quelque part, c'est qu'ils sont sûrs de pouvoir redescendre.

Au même moment, Diablo s'arrête et se met à miauler bruyamment.

– Oh, il est coincé ! s'écrie Léa. Je le savais !

Elle se précipite vers le chêne. Diablo la regarde avec un air tout excité. C'est la première fois qu'il voit le monde de si haut. De sa branche, il peut découvrir ce qui se passe dans tous les jardins des alentours.

– Et s'il n'arrivait pas à redescendre ? s'exclame Léa.

Diablo réussira-t-il à redescendre de l'arbre où il est coincé ?

Si tu as aimé ce livre,
tu peux lire d'autres histoires d'animaux
dans la collection

mes animaux préférés

Chico
le poney de la plage

N° 601

Pipo
le poney de l'école

N° 602

Loula
la chienne perdue

N° 603

Diablo
le chaton coquin

N° 604